W0301970

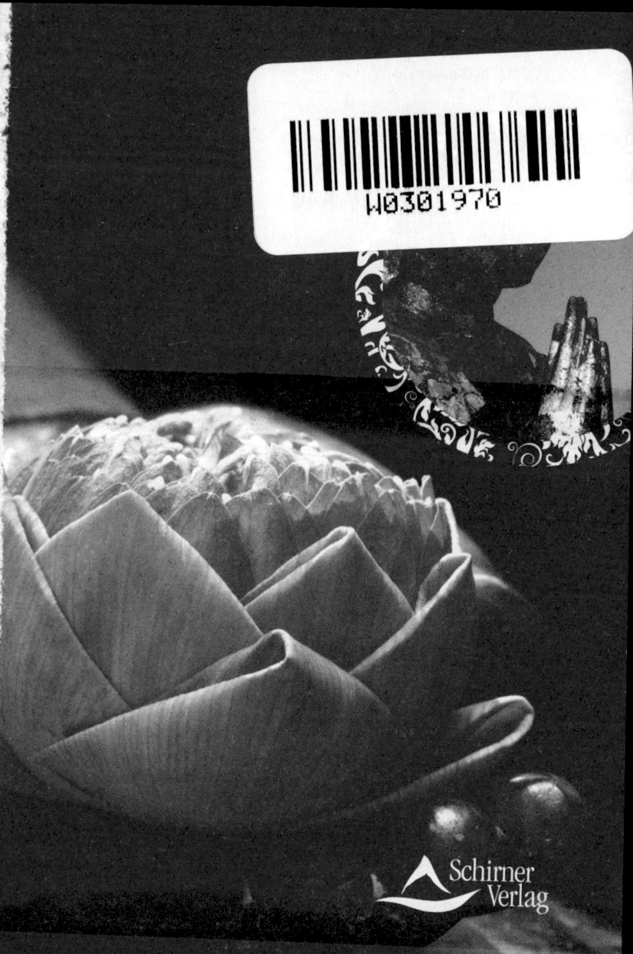

Schirner Verlag

ISBN 978-3-8434-9043-6

Sandy Taikyu Kuhn Shimu:
Was dein innerer Buddha dir zu sagen hat
Entdecke deinen edlen Kern!

© 2013 Schirner Verlag, Darmstadt

Satz der Karten und des Begleitbuchs:
Silja Bernspitz, Schirner,
unter Verwendung von # 111764831 (Nataliia Litovchenko), # 58957714 (my Johansson), # 132064550 (Pumbbg), # 196657658 (Pitsanu Kraichana), # 198116438 (panotthorn phuhual), # 253136953 (spiphotoone), # 257807827 (iamfay321), www.shutterstock.com
Satz der Schachtel und des Umschlags:
Silja Bernspitz, Schirner,
unter Verwendung von # 24233323 (Mariusz Prusaczyk), # 39284004 (Thomas Francois), www.fotolia.com
Redaktion: Katja Hiller, Schirner
Printed and bound by: OURDASdruckt!, Celle, Germany

www.schirner.com

3. Auflage Mai 2015

Alle Rechte der Verbreitung, auch durch Funk, Fernsehen und sonstige Kommunikationsmittel, fotomechanische oder vertonte Wiedergabe sowie des auszugsweisen Nachdrucks vorbehalten

Sandy Taikyu Kuhn Shimu

Was dein innerer Buddha dir zu sagen hat

Ein herzliches Hallo, liebe Leserin und
lieber Leser,

offenes Gewahrsein, unendlicher Raum, Jetzt, Buddha-Natur, wahres Wesen, natürliches Selbst oder edler Kern: Es gibt viele Namen für das Eine. Und doch gelingt es nicht vollends, das große Allumfassende zu benennen. Eine Bezeichnung bleibt stets ein Zeichen, eine Zeichnung der Wirklichkeit. Ziel ist es, die wahre Bedeutung durch das tiefe Eintauchen, durch das Einswerden mit einem Gegenstand, einer Sache, einem Umstand, einem Gefühl, einem Gedanken oder einem Begriff zu erfahren und zu erleben.
Dieses Kartenset hält 54 geistige Essenzen bereit. Die erste Aussage, die Weisheit über der Lotosblüte, soll Sie zum Reflektieren und Philosophieren anregen. Die Kernbotschaft unterhalb der Lotos-

blüte zeigt Ihnen den direkten Weg, der Sie vom Denken zum Handeln führt. Sie ist eine konkrete Aufforderung an Sie, tätig zu werden und vollumfänglich in das Leben einzutauchen. Denn unser edler Kern will gelebt werden. Er ist die Pforte zu wahrem innerem Frieden, anhaltendem Glück, geistiger Ruhe, mehr Selbstvertrauen und Gelassenheit sowie zu körperlicher Präsenz und Stärke.

Die Karten sind aus meiner praktischen Tätigkeit als psychologisch-spirituelle Beraterin, Ausbilderin in den Bereichen Zen, Kung Fu, Yoga und Qi Gong und Begründerin der WU LIN Zen-Linie heraus entstanden. In dieser Ausrichtung bzw. Schule, die die bekannten Zen-Aspekte wieder mit der ursprünglichen Chan-Tradition vereint, wird großer Wert auf die Anwendbarkeit der Zen-Praxis im normalen Alltag gelegt.

Die Karten sprechen ganz gezielt wichtige Lebensthemen an, zum Beispiel:

- **Achtsamkeit**
- **Verantwortung**
- **Rollenverhalten**
- **Wahrnehmung**
- **Erfolg**
- **Wertschätzung**
- **Vertrauen**
- **Veränderung**
- **Mitgefühl**
- **Angst**
- **Kontrolle**
- **Perfektionismus**
- **Glück**
- **Gefühle**
- **Authentizität**
- **Schmerz und Leiden**
- **Körper und Geist**
- **Ethik und Moral**

Viele, oft auch individuelle, Probleme lassen sich doch im Allgemeinen auf einen gemeinsamen Aspekt, einen gemeinsamen Nenner zurückführen:

Die Lösung vollzieht sich nie im Außen, sondern immer nur im Inneren! Diese Karten sind aus dem Wunsch heraus entstanden, in jedem Menschen auf einfache Weise das Vertrauen und den Mut zu wecken, aus der inneren Mitte, aus dem edlen Kern, heraus Lösungsvorschläge, Alternativen, Erklärungen und Antworten zu finden.

Jeder von uns birgt einen Buddha in sich, einen Erwachten, einen Erleuchteten, der nur darauf wartet, von uns entdeckt zu werden. Auch Ihr innerer Buddha hat Ihnen viel zu sagen. Hören Sie ihm zu, aber nicht mit Ihren Ohren. Sehen Sie ihn, aber nicht mit Ihren Augen. Berühren Sie ihn, aber nicht mit Ihrem Körper. Schmecken Sie ihn, aber nicht mit Ihrer Zunge. Riechen Sie ihn, aber nicht mit Ihrer Nase. Werden Sie eins mit ihm, denn Ihr edler Kern IST Buddha!

Die Anwendung der Karten ist ganz einfach. Ziehen Sie nach Belieben eine Karte. Lesen Sie die Weisheit oberhalb der Lotosblüte, und durchdenken Sie dessen Aussage. Was bedeutet der Satz für Sie? Sind Sie mit dieser Einsicht vertraut? Denken, Fühlen und Handeln Sie nach dieser Erkenntnis? Welche Gedanken, Emotionen und Gefühle empfinden Sie?
Lesen Sie dann die Erläuterung, die Anregung für Ihren edlen Kern, und fragen Sie sich: Was löst diese Feststellung in mir aus? Lebe ich diesen Teil? Was empfinde ich dabei, wenn ich mir vorstelle, dass ich ab heute so denke, fühle und handle? Bin ich bereit, diesen edlen Kern zu entdecken und zu verwirklichen?

Die beiden Symbole auf den Karten sollen Sie immer wieder an die Kraft, die Ihnen innewohnt, erinnern und Sie dazu motivieren, beherzt den Weg zur inneren und äußeren Befreiung zu gehen.

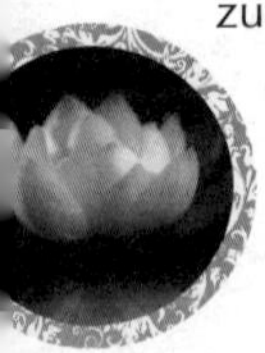

Ein Buddha

Ein Buddha ist ein Erwachter, ein Wesen, das das Leiden überwunden und das zu geistiger Klarheit, Reinheit und Vollkommenheit gefunden hat. Buddha steht sinnbildlich für Ihren edlen Kern, den es zu entdecken und zu entfalten gilt. Er hat uns als menschliches Wesen vor 2500 Jahren vorgelebt, wie wir uns von unserem edlen Kern leiten lassen können, und uns eine immense Schatztruhe voller geistiger Juwelen hinterlassen. Es liegt nun an Ihnen, diese Truhe zu öffnen und sich von diesem spirituellen Reichtum nähren, führen und befreien zu lassen. Buddha soll Sie immer wieder daran erinnern, dass die Lösung in Ihnen selbst liegt. Befreiung geschieht nicht außerhalb, sondern nur in Ihrem Inneren und durch Sie!

Der Lotos

Der Lotos hat ebenfalls eine spirituelle und mystische Bedeutung. Er zählt zu den acht Glückssymbolen im Buddhismus und verkörpert Reinheit, Selbstlosigkeit, Vollkommenheit und Erleuchtung. Der Lotos gilt als Mutter aller Schöpfung und steht symbolisch für den geistigen Weg zur Befreiung. Aus dem trüben Wasser wächst der Lotos, die Wurzeln im Schlamm vergraben, empor und öffnet seine makellose Blüte. Genauso entwickelt sich der menschliche Geist, der aus der materiellen Welt in die geistige, spirituelle Ebene wächst und sich am Ende der Reise zu voller, reiner Klarheit entfaltet. Himmel und Erde verbinden sich und lösen sich in der Erfahrung der Transzendenz auf.

Ich wünsche Ihnen viel Inspiration, Freude und Einsicht auf dem Weg zur Entdeckung und Entfaltung Ihres edlen Kerns!

Herzlichst,
Ihre Sandy Taikyu Kuhn Shimu

Kurze Coachings
zur Arbeit mit den Karten

Die Mini-Coachings sind kurz und klar formuliert. Die Botschaften der Karten lassen Ihnen genügend Freiraum, damit Sie mit Freude und Leichtigkeit reflektieren, philosophieren und Aspekte ergänzen können. Erlauben Sie sich, Ihr Bewusstsein für neue Impulse zu öffnen. Erfahren Sie durch diese Coachings Gelassenheit, Vertrauen und Zuversicht, und erleben Sie wahre Lebensfreude.

Karte 1

Du bist Schöpfer deines Lebens. Es liegt in deiner Hand, wie viel Einfluss, Kontrolle und Macht eine Situation, ein Mensch oder ein Gefühl über dich und dein Leben hat. Jede Erneuerung beginnt im Hier und Jetzt – bei dir. Genau in diesem Moment hast du die Möglichkeit, dich und damit auch die

Welt zu wandeln. Es gibt immer eine Alternative, aber wählen und entscheiden musst du selbst. Niemand außer dir kann dich oder die Welt verändern. Erkenne das unbeschreibliche Potenzial der Freiheit, das du stets in dir trägst. Entschließe dich für die Selbstverantwortung und die Selbstbestimmung, und erlebe das Gefühl der Natürlichkeit, der Zufriedenheit und des Glücks.

Karte 2

Es ist ganz natürlich, dass du verschiedene Rollen in deinem Leben einnimmst. Sei dir aber bewusst, dass du mehr als deine Rollen bist. Reduziere dich in deinem Alltag nicht auf einen bestimmten Bereich oder spezielle Figuren. Wo du dich zu stark mit einem Teil identifizierst, schließt du andere Elemente aus. Erlaube dir und deinem Umfeld nicht, dich auf deine Rollen zu begrenzen. Erlerne die Fähigkeit und entwickle die Freude daran, alles wahrhaftig zu spielen, aber sei nichts davon tatsächlich. Beende die Aufführung, und lege dein Kostüm und dein Make-up ab. Bleibe offen, frei und unabhängig – jetzt kannst du alles sein.

Karte 3

Alles entsteht in deinem Geist, mit deinen Gedanken, mit deiner Wahrnehmung. Gedanken beeinflussen deine Gefühle. Sie formen deine Rede und bestimmen deine Handlungen. So, wie du denkst, so lebst du. So, wie du lebst, so nimmst du auch deine Mitmenschen und die Welt um dich herum wahr. Wenn du die Dinge verändern möchtest, verändere dein Denken. Du entscheidest jeden Tag, jede Stunde und jede Sekunde immer wieder aufs Neue, worauf du deinen Fokus legst, was du sehen, was du denken, was du fühlen und wie du handeln möchtest. Ergreife diese wunderbare Chance. Verändere dich, und du veränderst die Welt.

Karte 4

Das Leben hält so viele Möglichkeiten und Gelegenheiten für dich bereit. Menschen stehen dir mit Rat und Tat zur Seite. Du kannst dich informieren, lesen, lernen, dich mit anderen austauschen und verschiedene Meinungen einholen. Aber nur du weißt, was wirklich wichtig und richtig für dich ist. Du benötigst Stille, damit du in dich hineinhören, beobachten, wahrnehmen und spüren kannst, welche Anteile in dir gelebt werden wollen. Und du brauchst den Mut, einen Entschluss zu treffen. Überwinde deine eigenen Begrenzungen und Einschränkungen. Entscheide dich, folge beherzt deinem inneren Weg, und lebe deine wahre Natur – ohne Wenn und Aber.

Karte 5

Hinter jeder deiner Handlungen steht eine Motivation. Sie ist die grundlegende Energie und die Kraft, die dich wirken lässt. Hinter jeder deiner Taten steht diese Dynamik. Dein Erfolg folgt der Ursache, der Entschlossenheit, dem wahren Kern, der hinter deiner sichtbaren Handlung steht. Dein Tun ist die Reaktion, dein Denken und Fühlen sind die Aktionen. Die Wirkung folgt der Ursache. Überprüfe deine Vorsätze und Vorhaben sorgfältig auf den echten Beweggrund, auf die treibende Kraft im Hintergrund. Und wähle achtsam und bewusst aus. Deine Bemühungen und dein Bestreben folgen dem ursprünglichen Anstoß, deiner wahren Absicht. Erfolg ist kein Zufall, er fällt dir nicht zu.

Karte 6

Das Leben ist ein Geschenk. Ob du es dir gewünscht hast oder nicht – nimm es an, und setze dich damit auseinander. Beschäftige dich mit dem Leben. Entdecke die vielen Chancen und Möglichkeiten. Schenke dem Leben dein Vertrauen, deinen Geist, dein Herz, dein Mitgefühl, deine heilsamen Absichten, deine positive Einstellung und deine Liebe. Lasse dich ganz auf das Leben ein. Lebe um des Lebens willen – Tag für Tag. Was du deinem Leben zukommen lässt, schenkst du immer dir selbst. Alles, was du für das Leben, die Familie, Freunde und Bekannte, die Umwelt und die Natur tust, tust du in Wahrheit immer für dich.

Karte 7

Vermeide den Affengeist. Er schwingt sich von einem Gedanken zum nächsten. Er ist unruhig und rastlos, weckt deine Begierde und deine Angst. Immer in der Vergangenheit oder in der Zukunft verhaftet, raubt er dir die Gegenwart. Dieser Geist bekämpft, kritisiert, wertet, urteilt und trennt. Vermeide auch den Expertengeist, der alles weiß und kann. Er ist begrenzt, klein, eng und erlaubt sich kaum, Unbekanntes zu erfahren. Kultiviere hingegen den Elterngeist. Er erkennt das Gute in jedem Wesen, ist geduldig, bereit, zu erklären, nachsichtig und liebt ohne Vorbehalte. Fördere und bewahre aber vor allem deinen Anfängergeist. Er bildet das Fundament für wahren inneren Frieden.

Karte 8

Freiheit, Unabhängigkeit und Selbstbestimmung bedeuten, ungebunden von den Meinungen und Ansprüchen anderer zu sein. Äußeres Lob, Ansehen, Auszeichnung und Geltung mögen dir für einen kurzen Moment ein Lächeln auf die Lippen zaubern und dir ein Gefühl von Akzeptanz, Einfluss und Bewunderung schenken. In dem Moment aber, in dem du die öffentliche Bühne verlässt und der Vorhang fällt, verstummt nicht nur der Applaus, sondern es verblassen auch der Ruhm, die Verehrung und die Bewunderung. Die wahre Freiheit beginnt und endet mit der Größe und Tiefe deiner Anerkennung, deiner Liebe und Wertschätzung sowie deinem Respekt dir selbst gegenüber.

Karte 9

Das Leben wartet nicht auf dich. Deine Lebenszeit ist kostbar. Verschiebe nichts auf später. Erschaffe Gelegenheiten, und nutze sie. Verharre nicht im Denken, und bleibe nicht an deinen Gefühlen haften. Handle, und setze deine Wünsche in die Tat um. Sei bereit dafür, auch Risiken einzugehen, und erlaube dir, Fehler zu machen. Es gibt nichts Schlimmeres, als verpassten Möglichkeiten nachzutrauern, Chancen hinterherzujagen oder sich hinter den eigenen Bedürfnissen und Visionen zu verstecken. Warte nicht auf eine Bestimmung oder eine Fügung, sondern werde aktiv, und entscheide selbst. Erinnere dich daran, dass du alles erreichen kannst, wenn du es wirklich willst.

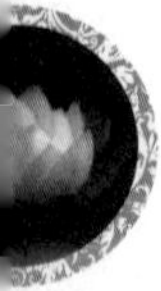

Karte 10

Dem Wunsch, es allen recht zu machen, liegt eine falsche Sichtweise zugrunde. Es ist wichtig, dass du den Anspruch ablegst, von allen geliebt zu werden. Es allen recht machen zu wollen, ist ein unmögliches Unterfangen und vor allem eine unsinnige geistige Haltung. Vertraue auf deine Fähigkeiten und auf dein Urteilsvermögen. Unterlasse

Bewertungen, und setze dich nicht in Konkurrenz zu deinen Mitmenschen. Rechtfertige dich nicht. Verzichte ganz bewusst darauf, Situationen, Personen und Erlebnisse zu vergleichen oder über sie zu urteilen. Diese Haltung bringt weder dir noch anderen etwas. Im Gegenteil, du schürst nur Missgunst und nährst Kummer und Sorgen. Setze deine Energie für heilsame und positive Gedanken, Gefühle und Handlungen ein.

Karte 11

Sei dir bewusst, dass deine Gedanken deine Gefühle am Leben erhalten und dass deine Gefühle deine Emotionen erzeugen. Deine Emotionen bringst du aufgrund deiner Erfahrungen und Erlebnisse hervor. Lerne, deine Emotionen zu erkennen, und sei dir im Klaren darüber, dass du sie erschaffst. Akzeptiere sie, und versuche nicht, sie zu verdrängen. Erforsche und studiere sie, aber identifiziere dich nicht mit ihnen. Deine Emotionen werden von dir gefüttert, nur so bleiben sie am Leben. Ohne »Nahrung« verschwinden sie innerhalb von Sekunden. Du entscheidest dich also immer wieder von Neuem, was und wie du dich fühlen möchtest.

Karte 12

Je klarer, sicherer und überzeugender du in deinen persönlichen Vorstellungen, Aussagen und deinem eigenen Verhalten bist, desto weniger überträgst du deine Anforderungen, hohen Ansprüche und Erwartungen auf andere. Sei dir bewusst, dass du es bist, der für dein Leben, dein Glück und deine Zufriedenheit verantwortlich ist. Gehe mit positivem Beispiel voran, und erledige deine (Lebens-)Aufgaben mit Freude, Leichtigkeit und Mitgefühl – gewissenhaft, pflichtbewusst und zuverlässig. Nur das, was du selbst vorlebst, was du wirklich ausstrahlst, was echt und authentisch ist, hat die Kraft, andere zu berühren, die Energie, zu begeistern, und das Potenzial, zu verwandeln.

Karte 13

Es ist wichtig, dass du dir deiner selbst sicher bist. Das heißt, dass du dir selbst vertraust und zu dir stehst. Das schließt nicht aus, dass du dich kritisch hinterfragst, Fehler korrigierst oder dich weiterentwickelst. Verstecke dich nicht hinter dir selbst. Je mehr du in der Mitte ruhst, je größer deine Zuversicht und dein Glauben an deine eigenen Fähigkeiten sind, desto weniger Ängste und Zweifel werden dich begleiten. Das beklemmende Gefühl, etwas zu verpassen oder nicht zu bekommen, löst sich in tiefem Vertrauen und einer natürlichen Gelassenheit auf. Erlaube dir, deine Gedanken, Gefühle und Handlungen zu teilen. Sei großherzig und nachsichtig. Je mehr du gibst, desto mehr bekommst du zurück.

Karte 14

Jeder Mensch muss lernen, die Fragen des Lebens selbst zu beantworten. Du kannst als Wegbegleiter unterstützend, beratend und motivierend zur Seite stehen, aber den Weg muss jeder für sich selbst gehen. Du kannst andere Menschen nicht vor etwas bewahren oder schützen. Du kannst es ihnen nicht leichter machen oder ihnen etwas abnehmen. Du kannst auch keine Erfahrungen für andere machen. Die Lösungen und Antworten liegen immer in jedem selbst. Selbstbestimmt eine Entscheidung zu fällen, Verantwortung für sie zu übernehmen und die Konsequenzen zu tragen, all das macht den Menschen mündig. Das ist der spirituelle Weg, der inneres Wachstum, Eigenständigkeit und Selbstverantwortung ermöglicht und zu wahrer menschlicher Größe führt.

Karte 15

Verharren und festhalten ist gleichbedeutend mit Rückschritt. Leben ist Wandlung. Wenn du dich nicht verändern willst, willst du dich nicht entwickeln und lehnst dich gegen das natürliche Lebensprinzip, die kosmische Ordnung auf. Alles ist vergänglich, alles ist im Fluss und wandelt sich ständig. Alles, was sich verändert, kann sich entwickeln, sich anpassen und sich erneuern. Wahrhaftig leben heißt loslassen und sich voller Vertrauen, Zuversicht, Freude und Gelassenheit im Fluss des Lebens treiben lassen. Je früher und schneller du bereit bist, loszulassen, desto größer wird dein Vertrauen in den eigenen Lebensfluss. Dann sind Veränderungen für dich nicht mehr eine Gefahr, sondern eine Chance, eine dankbare Gelegenheit zur persönlichen Entwicklung.

Karte 16

Erkenne, dass wir alle untrennbar miteinander verbunden sind. Lasse nicht zu, dass Ignoranz und Egoismus dich in dem Glauben lassen, dass wir unabhängige Individuen seien. Alles ist mit allem und jedem verbunden. Öffne dich für diese Wahrheit, und nimm dich nicht mehr als getrenntes Wesen in der Welt wahr. Du kannst Einheit erfahren, wenn du bereit bist, dein Herz und deine Augen zu öffnen. Sei großzügig und teile. Denke, fühle und handle gütig, biete deine Hilfe dort an, wo sie gebraucht wird. Bringe anderen Menschen Respekt und Dankbarkeit entgegen. Denn im Außen kannst du nur das vorfinden, was du in deinem Inneren trägst. Gleiches zieht immer Gleiches an.

Karte 17

Anhaltendes Glück und inneren Frieden findest du nicht im Außen, getrennt von dir, sondern nur in der Ruhe und der Achtsamkeit im Augenblick, im Inneren. In der Stille begegnest du dir selbst und kommst mit deiner wahren Natur in Kontakt. Jetzt hast du die Möglichkeit, dich mit deiner inneren Kraft und der Quelle der unerschöpflichen Weisheit zu verbinden. In dem Moment, in dem du dir erlaubst, du selbst zu sein, löst sich die Frage nach dem Sinn des Lebens auf. Bis dahin schenke der Gegenwart Sinn, und lebe jeden Augenblick in Achtsamkeit. Das ist das höchste Maß, das ist der Lebenssinn.

Karte 18

Bewusste Wahrnehmung verändert alles. Du siehst, was du sehen möchtest. Wenn dir etwas nicht gefällt, verändere deine Wahrnehmung, wechsle deinen Blickwinkel. Ein Spiegel zeigt dir immer auf, was ist. Du kannst dir so vor Augen führen, mit wem oder was du in Resonanz trittst oder bereits in Reaktion bist. In wem oder was spiegelst du dich? Wenn du mit dir oder mit deinen Lebensumständen unzufrieden bist, dann ändere sie. Denke daran: Veränderung beginnt immer mit und bei dir.

Karte 19

In Extremen zu denken, zu fühlen, zu handeln und zu leben kostet dich enorm viel Kraft. Erkenne, dass es nicht nur Schwarz oder Weiß, sondern auch Grau gibt. Finde immer wieder zum rechten Maß zurück, indem du eine Zeit lang ganz bewusst auf gewisse Dinge verzichtest. Der mittlere Weg ist der Weg zwischen den Extremen. Auf ihm findest du zur Balance zwischen übertriebenem Verzicht und ungeregeltem Genuss. Erst der Verzicht und der erneute Genuss zeigen dir auf, wo deine eigene Mitte, dein eigenes Maß tatsächlich liegt. Bewusster Verzicht schult zudem deine Dankbarkeit und fördert deine Achtsamkeit für das, was du hast. Enthaltsamkeit für einen gewissen Zeitraum stärkt den Charakter, schult die Disziplin, macht unabhängig und frei.

Karte 20

Vermeide es, nur über deine Anliegen zu sprechen. Komme von der Idee zur Umsetzung, indem du den Mut aufbringst, deine Bestrebungen in die Tat umzusetzen. Erwarte nicht, dass alle in deinem Umfeld deine Interessen teilen und deine Vorhaben gutheißen. Es genügt, wenn du hinter deinen Bedürfnissen stehst und diese mit deinen ganz persönlichen ethischen und moralischen Grundsätzen erklären, vertreten und leben kannst. Überprüfe in regelmäßigen Abständen deine Wünsche auf den ihnen zugrundeliegenden Charakter. Stelle fest, ob dir ihre Erfüllung auch wirklich den langfristigen und anhaltenden inneren Frieden und das Glück schenkt, das du dir erhoffst. Prüfe auch, ob die Erfüllung der Wünsche dir nur zur kurzfristigen Ablenkung dient und unheilsame, negative Eigenschaften befriedigen soll.

Karte 21

Je klarer du die Absichten hinter deinen Gedanken erkennst, desto weniger bist du Spielball deiner eigenen Gefühle und Emotionen. Dein Geist lässt sich trainieren, entwickeln und umformen.

Jeder neue Gedanke, jeder neue Impuls, jeder Reiz kann dein Leben völlig verändern, wenn du es zulässt. Wenn du deinen Geist nicht schulst, lebst du in deinen gewohnten, festgefahrenen Mustern. Dann hast du keine Wahl. Der Strom deines Bewusstseins formt sich von Gedanke zu Gedanke. Befreie dich also aus dem Gefängnis der eigenen Begrenzungen, und beseitige nicht nur die Symptome, sondern erschaffe neue Ursachen. Kultiviere Liebe, Mitgefühl, Mitfreude und Gleichmut, das sind die heilsamen, positiven Zustände deines Geistes.

Karte 22

Es gibt keine Gewähr für die richtige Entscheidung. Was dir heute als wahr erscheint, kann übermorgen bereits wieder überholt oder sogar falsch sein. Alles ist stetiger Wandlung unterworfen. Ob etwas gelingt oder misslingt, hängt von vielen verschiedenen Faktoren ab, und nicht auf alle kannst du direkt Einfluss nehmen. Es ist also nicht so entscheidend, wie oder wofür du dich entscheidest, vielmehr zählt, dass du bewusst eine Entscheidung triffst. Diesen Entschluss fällst du mit klarem Kopf und reinem Herzen. Dann gib dein Bestes, und lasse alles andere auf dich zukommen.

Karte 23

Achte darauf, dass aus deinem Mitgefühl für andere Menschen kein Mitleid wird. Mitleid engt ein und verhindert aufbauende und förderliche Denk- und Lösungsansätze. Fühle und empfinde mit, öffne dein Herz, nimm Anteil, ohne mitzuleiden oder daran zu zerbrechen. Lerne, dich abzugrenzen, höre zu und schaue hin, schenke Vertrauen und Zuversicht, aber übernimm die Emotionen und Gefühle anderer nicht. So bleibst du handlungsfähig, bei klarem Verstand und wachem Bewusstsein und hast Zugang zu deiner ganzen inneren Kraft. Erst jetzt kannst du wirklich deine Hilfe anbieten.

Karte 24

Erfahre, wer du wirklich bist und was du tatsächlich möchtest. Handle dann im Einklang mit deiner wahren Natur. Bringe deinen Körper mit deinem

Geist in Übereinstimmung. Beziehe Stellung, bekenne Farbe, und stehe zu deinen Überzeugungen und Werten. Habe den Mut, neue Erfahrungen zu machen, und übernimm die Verantwortung für dein Leben. Entscheide dich, und lebe. Das ist authentisches Handeln im Augenblick, ein Handeln, das frei von Konditionierungen ist. Jetzt kannst du die Welt unverfälscht und immer wieder mit neuen Augen sehen, und jeder Moment eröffnet dir viele Wege mit unzähligen Chancen.

Karte 25

Vergangenes ist vergangen und vorbei. Zukünftiges ist noch nicht da, es steht noch bevor. Das Einzige, was wirklich zählt, ist dieser Moment, die Gegenwart. Nur hier und jetzt, im Schnittpunkt von Raum und Zeit, kannst du Einfluss auf dein Leben nehmen. Hier finden Körper und Geist zusammen und bilden das Fundament für deinen inneren Frieden. Deine Erinnerungen und Gedanken an die Vergangenheit, deine Sorgen und Hoffnungen für die Zukunft – sie fesseln dich, lenken dich ab und trüben dir die Sicht. Meist erschaffen sie nur unheilsame Identifikationen, stehlen dir kostbare Lebensenergie und rauben dir die wichtigste Zeit, die Gegenwart. Erinnere dich daran: Es gibt nur eine Zeit, und diese ist jetzt.

Karte 26

Besitz besitzt dich, egal, ob es sich um dein materielles Vermögen oder um dein geistiges Eigentum handelt. Weniger Besitz bedeutet weniger Anhaftung und somit auch weniger Probleme. Lerne, Dinge loszulassen, und befreie dich von unnötigem Ballast. Achte darauf, dass du die Sachen, die du behältst, in regelmäßigen Abständen auf ihren Inhalt, Wert, Sinn und ihre Notwendigkeit überprüfst. Erkenne, was du wirklich benötigst, und behalte, was dich in deinem Alltag unterstützt, dir Freude bereitet und dein Leben wirklich vereinfacht. Jedes Ding hat seinen Platz und seine Zeit. Erfahre das beglückende Gefühl, körperlich und geistig loszulassen, ungebunden und frei zu sein. Erkenne die Lücke nicht als Leere, sondern als frei verfügbares Potenzial.

Karte 27

Wenn du keine Fehler machen willst, möchtest du dich nicht verbessern, nicht wachsen und dich nicht weiterentwickeln. Wer etwas wagt, wer arbeitet und lebt, der macht unweigerlich Fehler. Frei von Fehlern sein zu wollen ist eine Illusion. Je mehr du ihr hinterherjagst, desto kläglicher wirst du an dem Versuch scheitern, frei von Fehlern zu sein. Es ist genau umgekehrt: Je mehr du versuchst, perfekt zu sein, desto größer ist die Möglichkeit, dass du es nicht bist. Wenn du über dich selbst lachen und einen Irrtum hinnehmen kannst, Dinge geschehen lassen und einen Mangel akzeptieren kannst, befreist du dich endgültig vom erdrückenden Gefühl, alles richtig machen zu müssen.

Karte 28

Die Kunst der Achtsamkeit bringt dich in die Gegenwart zurück, dorthin, wo dein Leben tatsächlich stattfindet. Leben ist Erfahrung und die Begegnung mit dem Augenblick. Komme immer wieder in den gegenwärtigen Moment zurück, denn nur hier liegt der Ursprung deiner wahren Kraft. Achtsamkeit ist das Geheimnis eines glücklichen und

zufriedenen Lebens. Nur wenn du Achtsamkeit praktizierst und deine Wahrnehmung für das Hier und Jetzt schulst, kannst du bewusst Einfluss auf dein Denken, Fühlen und Handeln nehmen. Nur so gelingt es dir, dich aus den unheilsamen Wiederholungen und negativen Mustern zu befreien und die heilsamen Eigenschaften und positiven Gewohnheiten zu stärken.

Karte 29

Probleme sind Aufgaben, die du lösen kannst. Wenn du ein Problem hast, löse es. Wenn du auf ein Problem triffst, das du nicht lösen kannst, lasse es los. Dann hast du auch kein Problem. Gestalte deinen Alltag nicht schwieriger, als er in Wahrheit ist. Scheue dich nicht vor Herausforderungen. Lerne, Unerwartetes zu lieben, und entwickle Freude im Umgang mit neuen Aufgaben. Du kannst nur bedingt Einfluss darauf nehmen, was passiert, aber du hast immer die freie Entscheidung, wie du auf das, was passiert, reagieren willst. Wie du über eine Situation denkst, wie du dich dabei fühlst und wie du ihr begegnest, das entscheidest nur du selbst.

Karte 30

Schule die Fähigkeit, zu sehen, was tatsächlich ist, und sieh nicht nur das, was du sehen möchtest. Öffne nicht nur deine Augen, sondern auch dein Herz und deinen Geist. Wirklich wahrnehmen heißt, den Dingen, Erlebnissen und Menschen im Leben wert- und vorurteilsfrei zu begegnen. Diese offene und erwartungsfreie Haltung bewahrt dich vor Enttäuschungen, Desillusionierung und Frustration. Im Grunde genommen ist es die einzige ehrliche Einstellung, in der du dem Leben und deinen Mitmenschen begegnen kannst. Alles andere sind deine eigenen Interpretationen, Vermutungen, Hoffnungen und Wünsche, die dir nie die Wirklichkeit zeigen, sondern dich im Sumpf der Verblendungen und Illusionen zurücklassen.

Karte 31

Lege nicht nur Wert auf die Erhaltung des äußeren Scheins, z.B. schöne Kleidung, saubere Schuhe, ein durchtrainierter und beweglicher Körper, gepflegtes Haar und ein tolles Make-up. Wahre Schönheit strahlt von innen heraus, und sie beginnt mit dem Polieren des eigenen Geistes. Meditation beruhigt und stabilisiert deinen Körper, deine Atmung und deinen Geist. Durch regelmäßige Meditation verändert sich deine Wahrnehmung deines Körpers und deines Geistes positiv, und du achtest automatisch stärker auf deine Bedürfnisse. Diese Wechselwirkung macht das Meditieren so kostbar. Du erkennst, dass dein Körper und dein Geist eine untrennbare Einheit bilden und dass Meditation für ein erfülltes, wahres Leben unverzichtbar ist.

Karte 32

Lerne, dich im Fluss des Lebens treiben zu lassen, und erlaube dir, nicht immer alles unter Kontrolle haben zu müssen. Der Zwang zur Kontrolle zeigt auf, dass du bestimmen beziehungsweise die Macht darüber haben willst, wie etwas zu sein hat, gesagt oder getan wird oder funktionieren muss. Diese Haltung schenkt dir vielleicht kurzfristig eine Sicherheit, eine Scheinstärke oder ein gutes Gefühl. Langfristig aber beraubst du dich so der Chance, neue wertvolle Erfahrungen zu machen und dich selbst, das Leben und die Menschen in ihrer ganzen prachtvollen Fülle zu erleben und anzunehmen. Lerne wieder, dir selbst und dem

Leben zu vertrauen. Lasse los, und finde so zu deiner Offenheit, Gelassenheit und Spontaneität zurück. Loslassen ist eine Kunst, die du üben musst. Vertrauen ist der Schlüssel dazu.

Karte 33

Wer entscheidet, kann wählen. Du hast immer eine Wahl: Entweder du tust etwas oder du lässt es. Befreie dich aus der Opferrolle. Übernimm Verantwortung für dein Leben, und triff Entscheidungen. Es ist eine Tatsache, dass auch du früher oder später körperliche oder geistige Schmerzen erfahren wirst. Schmerz ist unvermeidbar, aber Leiden ist deine Zutat. Leid ist vermeidbar. Erkenne deine Selbstwirksamkeit, deine Eigenverantwortlichkeit und die damit verbundenen Einflussmöglichkeiten. Hadere nicht, werde aktiv, sei mutig, und triff eine Entscheidung, um deine Gegenwart und deine Zukunft zu verbessern.

Karte 34

Erlaube anderen Menschen, dein Leben zu bereichern. Öffne dich, und nimm das Gute und das Heilsame in dich auf. Jeder trägt in sich eine Quelle des Wissens, der Wahrheit und des Reichtums. Finde diese, und sei bereit, zuzuhören, hinzuschauen, dich hineinzufühlen und anzunehmen. Erfreue dich an den Erfahrungen anderer, und nimm Erkenntnisse und Einsichten dankbar an. Lerne, verschiedene Meinungen, andere Bedürfnisse und gegenteilige Ansichten zu schätzen.

Karte 35

Das Leben hält viele Überraschungen für dich bereit. Gewollt oder ungewollt, du musst lernen, sinnvoll mit ihnen umzugehen. Setze dich nicht mit der Frage nach dem Warum auseinander. Sie bringt dich in die Vergangenheit zurück, schwächt dich, lenkt dich ab und bringt dich ins Grübeln und Zweifeln. Frage dich deshalb: Wie gehe ich jetzt damit um? Oder: Was mache ich konkret aus dieser Situation? Diese Anschauung holt dich in die Gegenwart zurück. Hier erlebst du Stärke, Klarheit und Energie. Ideen und Antworten findest du weder im Gestern noch im Morgen. Lösungen und Ergebnisse zeigen sich dir immer nur hier und jetzt – im Heute.

Karte 36

Erledige nicht mehrere Tätigkeiten zur selben Zeit. Höre ganz gezielt auf, multitasking zu sein. Entschleunige dein Leben, indem du deine Aufmerksamkeit ab jetzt nur noch auf eine Aufgabe lenkst und ganz bewusst nur eine Sache auf einmal machst. Deine Lebensqualität wird sich dadurch deutlich verbessern. Denn Achtsamkeit verhilft dir zu mehr Bewusstheit. So kannst du unangemessene Denk- und Verhaltensweisen überprüfen und anpassen. Deine Präsenz im Augenblick führt dich zu mehr Ruhe. Wenn du innehältst und reflektierst, förderst du deine Selbstbeobachtung, und das schenkt dir zusehends mehr Klarheit und Einsicht. Dein Leben gewinnt auf diese Weise an Intensität, Fülle und Energie, und du befreist dich aus dem Hamsterrad der Ablenkungen und der tausend verschiedenen Möglichkeiten.

Karte 37

Vergeben heißt loslassen. Vergeben ist nicht das Verleugnen von Geschehnissen oder das Verdrängen von Gefühlen. Ganz im Gegenteil: Wenn du vergibst, bedeutet das, dass du den Tatsachen wirklich ins Auge siehst, sie wahrnimmst, annimmst und ganz bewusst loslässt. Vergeben heißt, dir und anderen etwas Gutes und Heilsames zu tun. Wahre Vergebung bringt Ruhe und Gleichgewicht in deinen Geist und schafft eine natürliche und gesunde Harmonie in deinen Gefühlen, Empfindungen und Emotionen. Vergib dir und anderen. Denn Vergebung ist das Fundament des Friedens und der universellen Liebe. Sie lässt dich dein Leben erst wahrhaftig frei, erfüllt und glücklich leben.

Karte 38

Du bist nur dann wirklich reich, wenn du weißt, dass du genug hast. Schreite also nicht von Wunsch zu Wunsch, sondern von Freude zu Freude, und sei dir selbst genug. Genügsamkeit ist eine wichtige Tugend. Im Augenblick der inneren Zufriedenheit und der Selbstakzeptanz hast du genug. Erkenne, dass das Gefühl des Mangels eine Illusion ist. Lenke deinen Fokus stets auf die Fülle und die Vollkommenheit des gegenwärtigen Moments, und schule so deine Wahrnehmung für den Augenblick. Das hilft dir, Wesentliches von Unwesentlichem zu unterscheiden, und lässt dich erkennen, was du bist, was du alles hast und was du kannst. Alles, was du benötigst, trägst du bereits in dir.

Karte 39

Lebe im Moment, und verschiebe nichts auf später. Suche keine Entschuldigung, und vertröste dich nicht. Lerne, das anzunehmen, was ist, und das loszulassen, was nicht ist. Jetzt ist immer richtig. Verbanne die Einschränkungen »wenn ... dann« und »aber ...« aus deinem Wortschatz. Es gibt keinen perfekten Zeitpunkt, außer du tust es.

Frage dich nicht: Wer? Die Antwort ist: Du! Frage nicht: Wann? Die Antwort ist: Jetzt! Halte dir stets vor Augen, dass du nicht mehr tun kannst, als einen Fuß vor den anderen zu setzen. Nur so kommst du vorwärts. Tue es, und genieße es.

Karte 40

Wahres Wissen gründet auf direkter Erfahrung. Deine Erfahrungen sind immer subjektiv, selbst dann, wenn du und andere Menschen das Gleiche erleben. Suche deshalb nach deiner eigenen Wahrheit. Du wirkst umso glaubwürdiger, je stärker deine inneren Werte mit deinem äußeren Verhalten übereinstimmen. Gib deine Echtheit nicht zugunsten von Rollen, Mustern und Erwartungen auf. Mache eigene Erfahrungen, damit allgemeines Wissen zu deinem persönlichen Wissen wird. Entwickle den Mut, wieder zu deiner eigenen Wahrheit zurückzufinden. Wenn du mit dir klarkommst, kommst du mit allen anderen klar. Das ist das Verstehen der Wirklichkeit, das Sehen und Erkennen der Reinheit und der allumfassenden Wahrheit, die dir innewohnt.

Karte 41

Jeder macht Fehler. Fehler zeigen auf, dass im Moment etwas fehlt. Wenn du dich über deine Missgeschicke einfach nur ärgerst, ändert das noch nichts an deiner Situation. Wichtig ist, wie du deine Fehler und die deiner Mitmenschen betrachtest und bewertest. Entwickle einen sinnvollen Umgang mit Fehlern. Erkenne, dass dir etwas gefehlt hat, als du den Fehler gemacht hast. Auch das Eingeständnis, dass du nicht perfekt bist, ist wichtig. Fehler passieren auch dir. Entscheidend ist nur, wie du mit ihnen umgehst. Versuche, den gleichen Fehler nicht zweimal zu machen, und wenn es nötig ist, dann entschuldige dich bei einer Person. Stehe zu deinen Fehlern, und lerne aus ihnen.

Karte 42

Überprüfe regelmäßig deine Gewohnheiten und Ansichten. Prioritäten können sich verschieben, und du kannst neue Wertvorstellungen entwickeln. Erlaube dir, eine andere Meinung als andere Menschen zu haben. Verdränge solche Erfahrungen und Erkenntnisse nicht. Nimm sie ernst und auch zum Anlass zum Handeln. Was gestern wichtig und richtig war, muss heute nicht mehr zwingend für dich stimmen. Löse dich von deinen eigenen Vorgaben, Standpunkten und Erwartungen, überdenke deine Handlungen, wähle bewusst aus, und habe die Courage, beherzt neue Wege einzuschlagen.

Karte 43

Erkenne, dass aus der inneren Leere die Fülle dieser Welt entsteht. Leben heißt loslassen. Halte nicht unnötig an Sachen fest, und lerne, Veränderungen zuzulassen. Sei bereit, Entscheidungen zu treffen und dich von etwas zu trennen. Nimm Abstand, und schaffe dir Freiräume. Lasse Langeweile und Unsicherheit zu. Nach einer Leere, die unweigerlich auf das Loslassen folgt, verspürst du Erleichterung und Freiheit. Stille und Ruhe sind das Fundament für Kreativität. Leerer Raum schafft Platz für Neues, für Entwicklung und für Fülle. Wenn du in dir ruhst, ruht das Universum in deinem Geist, und alles wird möglich.

Karte 44

Mit dem Ziel beginnt dein Weg. Deine Präsenz und deine Achtsamkeit in der Gegenwart verändern dein Schicksal in der Zukunft. Befreie dich aus dem Dickicht der Verantwortungslosigkeit, und löse dich von der Abhängigkeit vom Zufall. Gehe deinen Lebensweg mit Hingabe, Mitgefühl, Freude und Kraft. Erinnere dich daran, dass alles dem Gesetz von Ursache und Wirkung unterworfen ist. Setze dort, wo es in deiner Verantwortung, Macht und Möglichkeit steht, neue Aktionen, damit sich gleiche Fehler, Versäumnisse, Muster und Schwierigkeiten nicht immer wiederholen.

Karte 45

Das Geheimnis des Glücks liegt in deinem Denken und in deinem Bewusstsein. Zufriedenheit beginnt immer in deinem Kopf. Wie du dein Leben wahrnimmst, wie du jeden Tag erlebst, hängt stark davon ab, ob du das, was du tust, liebst und wie du dem begegnest, was in deinem Leben geschieht. Kultiviere eine respektvolle und dankbare Haltung, und sei dir bewusst, dass du weder die Menschen noch die Dinge, sondern nur deine

Einstellung zu ihnen beeinflussen und verändern kannst. Es liegt in deiner Hand, aus jedem Tag einen besonderen Tag zu machen.

Karte 46

Du allein bestimmst, was andere Menschen über dich denken und wie viel Macht du ihnen über dich, deine Gefühle und dein Leben gibst. In dem Moment, in dem du weißt, wer du bist und was du willst, und zudem nach diesen Überzeugungen handelst, befreist du dich aus den Klauen der Meinungen, Vorstellungen und Erwartungen anderer. Wenn deine inneren Überzeugungen und Wertvorstellungen mit deinen äußeren Taten und Worten in Einklang stehen, bist du wahrlich unabhängig und frei. Aus dieser Quelle der inneren Einheit entspringen Authentizität, Lebensfreude und Lebendigkeit. Sie bilden das Fundament für deine Selbsterkenntnis, dein Selbstvertrauen und deinen Selbstwert.

Karte 47

Es braucht Einsicht, Mut und Entschlossenheit, sich den eigenen Gefühlen zu stellen. Doch dieser Schritt lohnt sich, denn nur so kannst du dich aus der Abhängigkeit, Kontrolle und Fremdbestimmung, die deine Emotionen auslösen, befreien. Versuche, die Muster hinter deinen Gefühlen zu erkennen. Überprüfe ehrlich deine Absichten, stehe zu deinen Empfindungen und erkenne, welche Denkprozesse förderlich und welche unheilsam sind. Solch eine regelmäßige Pflege deines geistigen Gartens hinterlässt Spuren in deinem Alltag. Denn bevor du handelst, hat dein Geist bereits entschieden. Schlechte Gedanken bringen schlechte Gefühle, schlechte Taten und schlechte Gewohnheiten hervor. Gute Gedanken hingegen bringen gute Gefühle, gute Taten und gute Gewohnheiten hervor.

Karte 48

Beziehungen, Liebe und Partnerschaft sollen als Grundlage für dein persönliches Wachstum, deine Entwicklung dienen. Wahre zwischenmenschliche Beziehungen einzugehen bedeutet in erster Linie, zu geben, zurückzustecken, zu pflegen und Kompromisse zu machen. Es bedeutet Teilen im großen Sinn: den Körper, Gedanken, Weltanschauungen, Probleme, Erfahrungen, Wünsche, Ängste und Ziele. Eine Partnerschaft oder eine Freundschaft haben dann eine Zukunft, wenn beide zusammen für etwas Höheres und Besseres leben. Gemeinsam etwas bewegen, verändern und erreichen ist das, was eine gute, stabile, zufriedene und lang anhaltende Beziehung, was das Menschsein ganz allgemein ausmacht.

Karte 49

Die Kraft der Stille bringt dich in den Augenblick, die Gegenwart zurück, dorthin, wo das Leben wirklich stattfindet. Nur wenn Ruhe in deinem Körper und Frieden in deinem Geist herrschen, sind Erkenntnis und ein Handeln im Einklang mit deiner wahren Natur möglich. Die Hygiene deines Geistes ist für ein gesundes Leben unumgänglich. Nur in der Zurückgezogenheit kannst du deine Handlungen beobachten, reflektieren und korrigieren. Um das Wesentliche in deinem Leben erfahren zu können, musst du deinen Körper und deinen Geist zur Ruhe kommen lassen. Jetzt hast du die Chance, dein Leben zu verändern. Gestatte es dir, täglich eine Pause einzulegen. Mache mit dir einen Termin aus, und halte dieses »Date« auch ein.

Karte 50

Für deine Handlungen und somit für dein Leben bist du verantwortlich, und die Zukunft hängt nur von dir selbst ab. Deine geistige Haltung gegenüber den äußeren und inneren Umständen ist dafür entscheidend. Niemand außer dir bestimmt, wie du dich fühlst. Keiner ist für deine Probleme verantwortlich, denn du bist und fühlst, was du denkst. Alles, was du wahrnimmst, entsteht aus deinen Gedanken. Sie gestalten deine Welt und formen deine Sicht der Dinge. Dein Umgang mit dem Heute, der Gegenwart bestimmt also dein Leben. Und dein Leben ist nichts anderes als die Summer der einzelnen Tage.

Karte 51

Demut führt dich zur Wahrheit deines Herzens. Aufrichtige Demut verbindet und öffnet dich für die universelle Kraft. Sie zeigt dir den Weg zu deiner wahren Größe und Stärke. Demut ist die Hingabe an das Leben, die Genügsamkeit und die Dankbarkeit für jeden Augenblick. Sie ist auch die Bereitschaft, anzunehmen, loszulassen, zu vergeben, zu heilen und entgegenzukommen. Kultiviere die Fähigkeit, demütig zu sein. Nur so findest du zu deiner wahren Natur zurück und erlebst dich frei von Anhaftung und Ablehnung. Wenn wahre Demut entsteht, verschwindet der Stolz. Jetzt kannst du dich für die Stille der Gegenwart und die Weisheit des Lebens öffnen.

Karte 52

Du erntest, was du säst. Erfolg folgt deinen Absichten, er ist neutral. Sei deshalb achtsam in deinen Entscheidungen, überprüfe deine Ziele, und sei vorsichtig, was du dir wünschst, denn deine Visionen könnten in Erfüllung gehen. Die Anzahl der körperlichen oder geistigen Wiederholungen, deine innere Stärke und dein unerschütterlicher

Glaube sind die Basis für deinen Erfolg. Du bestimmst, welche Früchte du ernten und genießen möchtest. Sie entstammen den Samen, die du zuvor ausgestreut hast – es sind die Ursachen, die du gesetzt hast. Mit deinem Entschluss offenbart sich dir automatisch der Weg, der dich zum Ziel führt.

Karte 53

Deinen größten und schwierigsten Kampf bestreitest du gegen dich selbst, gegen dein Ego und deine Gefühle. Wenn du diesen inneren Konflikt ausgefochten und deine Emotionen besiegt hast, besteht für dich keine Notwendigkeit mehr, einen Konflikt gegen irgendjemanden zu führen oder andere für etwas verantwortlich zu machen. Erwartungshaltungen sind beispielsweise stark an dein Ego geknüpft und verhindern den wahren Fluss deiner Intuition. Überwinde die Trägheit und innere Zweifel. Praktiziere Achtsamkeit, und schule deine Wahrnehmung. Deine Gewohnheitsmuster, deine Denk- und Handlungsweisen sind veränderbar und nicht vorbestimmt oder festgelegt. Du kannst dich also jederzeit verändern, wenn du es wirklich willst.

Karte 54

Kehre zu deinen Wurzeln zurück, und verbinde dich mit deiner ursprünglichen Natur und deiner ganzen Kraft. Werde dir deiner Möglichkeiten bewusst, indem du dir erlaubst, dich von äußerlichen und innerlichen Beschränkungen zu lösen. Entwickle ein Gefühl der Gelassenheit, der Toleranz und des inneren Friedens dem Leben, den Menschen und dir selbst gegenüber. Lasse dich von der Weisheit des Augenblicks berühren, und erkenne, wer du wirklich bist. Persönliche spirituelle Entwicklung bedeutet, das Leben anzunehmen. Habe den Mut, Veränderungen zuzulassen, entwickle Freude auch im Angesicht von Schwierigkeiten, und sei bereit, Begriffe wie »richtig«, »falsch«, »entweder … oder« zugunsten einer allumfassenden Sichtweise zu überwinden.

Zur Autorin

Sandy Taikyu Kuhn Shimu, Zen-Meisterin, Künstlerin und Autorin, ist hauptberuflich als Lehrerin und Ausbilderin in den Bereichen Kung Fu, Yoga, Qi Gong und Zen und als Beraterin tätig. Sie entwickelte das WU LIN Prinzip sowie eine eigene Beratungsmethodik, das WU LIN Zen-Coaching. Außerdem ist sie Mitbegründerin der WU LIN Organisation und der WU LIN Zen-Linie. Sie legt großen Wert auf die Verbindung und die Anwendbarkeit der traditionellen Lehren in der Praxis und im modernen Alltag. Sandy Taikyu Kuhn Shimu findet ihre Erfüllung im Schreiben und im Unterricht ihrer Schülerinnen und Schüler im In- und Ausland.

Weitere Informationen zur Tätigkeit der Autorin finden Sie unter:

www.taikyu.ch | blog.taikyu.ch
www.wulin.ch | www.wulintempel.ch

**Weitere Titel der Autorin,
erschienen im Schirner Verlag:**

Begegne dir selbst in der Stille
Freiheit beginnt mit deinen Gedanken (Buch)
978-3-8434-1104-2

Wenn Kirschblüten fallen
Impulse, die den Geist beflügeln (Buch)
978-3-8434-1056-4

Wenn Kirschblüten fallen
Geführte Meditationen, die den
Geist befreien (CD)
978-3-8434-8204-2

Im Angesicht des Todes – und jetzt?
Übungsbuch zur Integration und Akzeptanz
des Unvermeidlichen (Buch)
978-3-8434-1079-3

Vergeben, Heilen und Loslassen im Angesicht des Todes
Geführte Meditationen (CD)
978-3-8434-8221-9

Mit Buddha Tee trinken – Eine Einführung in die chinesische Teezeremonie (Buch)
978-3-8434-1033-5

Erwecke den Krieger in dir
Das WU LIN-Prinzip (Buch)
978-3-8434-1057-1

Erleuchtung zum Frühstück – Nimm dir Zeit zum Leben – Achtsamkeit im Alltag (Buch)
978-3-8434-1078-6

Erleuchtung zum Frühstück
Zen im Alltag (Kartenset)
978-3-8434-9029-0

Was die Energie zum Fließen bringt
Der kleine Energieratgeber für jeden Tag (Buch)
978-3-8434-5069-0

Buddha@work
Den Berufsalltag gelassen und achtsam meistern (Buch)
978-3-8434-1147-9

Zufriedenheit
Der Schlüssel zum Glück (CD)
978-3-8434-8270-7

Das Tao der Worte
Zen-Geschichten, die das Herz und den Geist bewegen (Buch)
978-3-8434-1110-3

Kleine Energiequellen für jeden Tag (Buch)
978-3-8434-5083-6

Stark aus der inneren Mitte
Frühstücken im Zen-Geist (Buch)
978-3-8434-9029-0